LA LUNA

Per Bambini

Copyright © 2024 Samuel John

LA LUNA

Prima di iniziare dobbiamo avere ben chiara una cosa...

Cos'è la Luna?

La Luna è un satellite naturale.

E che cos'è un satellite? Un satellite è un oggetto celeste che orbita attorno a un pianeta. Cioè, gli gira intorno.

La Luna ruota attorno alla Terra ed è l'unico satellite naturale del nostro pianeta. Tuttavia, nel nostro sistema solare ci sono centinaia di satelliti naturali.

I MOVIMENTI DELLA LUNA

La Luna è sempre in movimento: non si ferma mai!

Lo sapevi che la Luna impiega 28 giorni per compiere un giro attorno alla Terra? Questo percorso è noto come moto di rivoluzione.

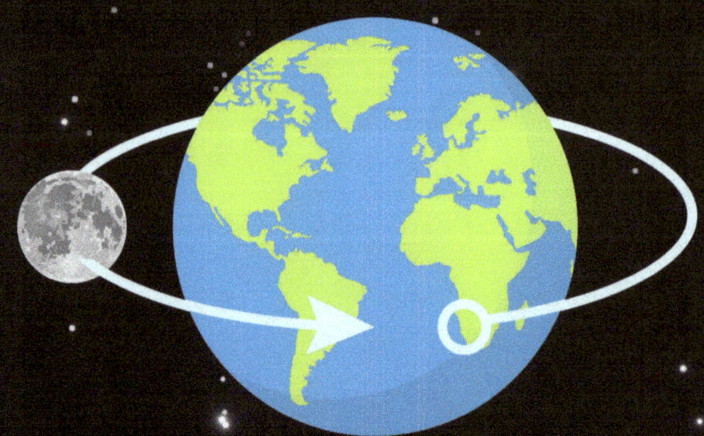

Ma non è tutto! La Luna compie anche un altro movimento: la rotazione. In questo movimento, la Luna gira su sé stessa, come una trottola o come una ballerina che gira su sé stessa senza muoversi dallo stesso punto. E indovina un po', anche questo movimento richiede 28 giorni per essere completato! Non è fantastico?

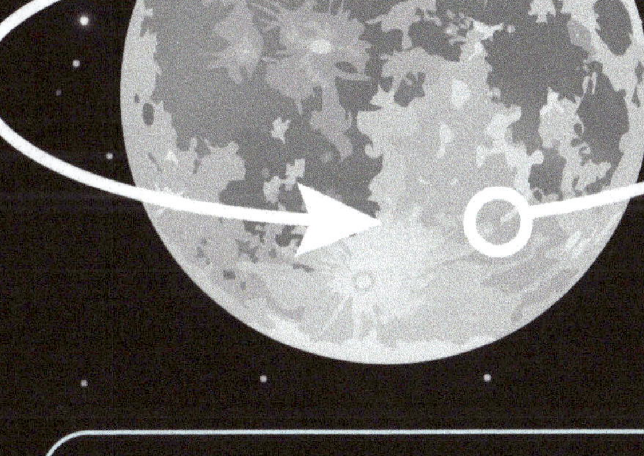

Quindi, quando guardi la Luna, ricorda che sta facendo la sua meravigliosa danza cosmica!

LE DUE FACCE DELLA LUNA

Ti sei mai chiesto perché vediamo sempre la stessa faccia della Luna?

Questo perché il tempo impiegato per girare attorno al proprio asse è lo stesso che occorre per girare intorno alla Terra.

Immagina di essere al centro di una stanza e che un tuo amico sia in piedi a tre passi di distanza di fronte a te. Il tuo amico si muove in cerchio per la stanza, guardandoti. Questo è quello che succede con la Luna e la Terra!

Sebbene la Luna abbia una faccia sempre visibile, ha anche una misteriosa faccia nascosta che non vediamo mai dalla Terra.

LE FORME DELLA LUNA

Perché la Luna cambia aspetto nel cielo? Scopriamo il mistero delle fasi lunari!

Se osserviamo la Luna per diversi giorni, noteremo che cambia forma. Questi cambiamenti sono noti come fasi lunari e si ripetono ogni 28 giorni.

La prima cosa che dovresti sapere è che la Luna non emette luce propria. Allora perché la vediamo brillare di notte? Questo perché c'è un effetto "specchio". La luce del Sole si riflette sulla Luna ed è per questo che la vediamo illuminata nel cielo.

Durante il suo viaggio attorno alla Terra, la Luna riceve più o meno luce dal Sole, a seconda della sua posizione. Questo è ciò che ci fa vedere la Luna in modo diverso ogni notte!

Non preoccuparti, lo capirai meglio qui sotto...

In questa fase la Luna si trova tra la Terra e il Sole.

Il suo lato illuminato punta verso il Sole e il suo lato oscuro verso la Terra.

Per questo motivo la Luna è difficilmente visibile nel cielo o, come succede a volte, non la vediamo affatto.

PRIMO QUARTO

Questa fase si verifica circa una settimana dopo la Luna nuova.

In questa fase, parte del lato illuminato della Luna è rivolto verso la Terra.

LUNA PIENA

Si verifica circa due settimane dalla Luna nuova.

In questa fase la Terra si trova tra la Luna e il Sole.

Ciò significa che possiamo vedere l'intera parte illuminata della Luna nel cielo. Sembra "piena", completa.

ULTIMO QUARTO

Come nel primo quarto, vediamo metà della Luna illuminata, ma è l'altra metà rispetto al primo quarto

Dopo il "ultimo quarto", la parte illuminata della luna diventa sempre più piccola ogni giorno, fino a quando non torna ad essere una Luna nuova.

PRIMO QUARTO O ULTIMO QUARTO?

Un semplice trucco per scoprire se la Luna è in fase di primo quarto o ultimo quarto è questo:

- Quando la Luna è nella fase di primo quarto ha la forma di una "D".
- Quando è nella fase di ultimo quarto ha la forma di una "C".

- Forma a "C"
- Sta diminuendo
- Ultimo quarto

- Forma a "D"
- Sta crescendo
- Primo quarto

LA LUNA SI ALLONTANA DALLA TERRA

La distanza media tra la Terra e la Luna è di 384.400 km, ma...

Lo sapevi che la Luna si allontana dalla Terra di quasi 4 cm all'anno (3,82 cm per l'esattezza)?

Ciò significa che, molto tempo fa, la Luna era più vicina alla Terra e in futuro la vedremo più lontana da noi.

Nel passato

In futuro

L'ALLUNAGGIO

Il 20 luglio 1969 gli astronauti della missione Apollo 11 sbarcarono sulla Luna.

Il comandante Neil Armstrong divenne il primo essere umano a camminare sulla Luna, seguito dal pilota Buzz Aldrin.

Raccolsero campioni di roccia, issarono una bandiera e tornarono da eroi.

Fu un momento molto emozionante e tutto il pianeta seguì l'evento.

GRAVITÀ SULLA LUNA

La gravità è come un potente magnete che ci mantiene attratti verso la Terra. Quando si lancia qualcosa in aria, la gravità è ciò che lo fa ritornare rapidamente a terra.

Sulla Terra quel "magnete" è molto forte, ma sulla Luna è più debole.

Se fossi sulla Luna peseresti di meno!

Il peso di un oggetto sulla Luna è circa 6 volte inferiore a quello sulla Terra.

Ad esempio: se sulla Terra pesassi 30 kg, sulla Luna peseresti circa 5 kg (esattamente 4,96 kg).

30 kg

5 kg

I CRATERI DELLA LUNA

I crateri della Luna sono buchi formati sulla sua superficie a causa dell'impatto di asteroidi e meteoriti.

La Luna ne ha migliaia, come conseguenza di tutti gli impatti che ha subito nel corso di milioni di anni.

Quindi, i crateri sono come cicatrici sulla Luna.

Ogni volta che guardi la Luna, pensa a questi crateri come parte della sua incredibile avventura nello spazio!

Siamo arrivati alla fine.

Spero che ti sia piaciuto e che tu abbia imparato cose nuove.

Alla prossima!

Voglio chiederti un favore affinché questo libro raggiunga più persone, e cioè che tu lo valuti con un parere sincero sulla piattaforma dove lo hai acquistato.

Con quel piccolo gesto mi aiuterai a portare avanti nuovi progetti.

Non vedo l'ora di iniziare a creare il mio prossimo libro per te!

Grazie in anticipo per aver dedicato del tempo per condividere la tua esperienza. Apprezzo il tuo supporto!

A presto!

IMPARA CON I NOSTRI LIBRI EDUCATIVI PER BAMBINI

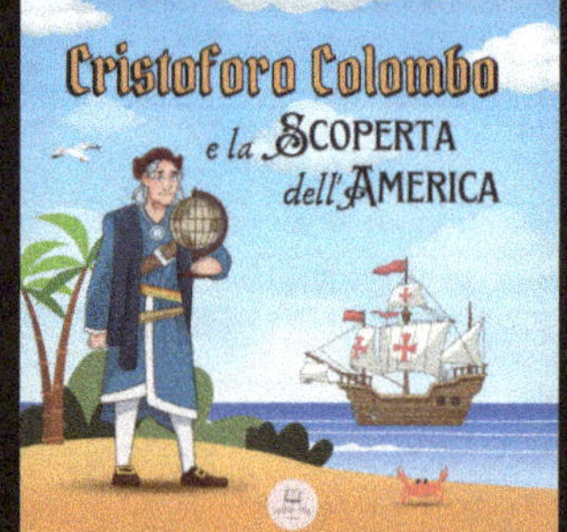

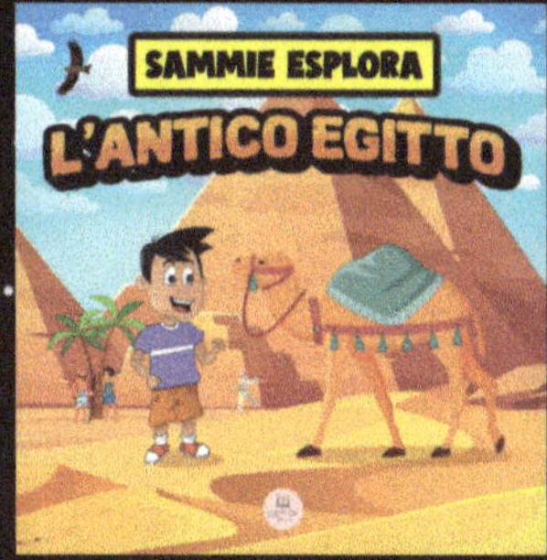

Hai qualche idea per un nuovo libro educativo? Adoro ascoltare i pensieri e i suggerimenti dei miei giovani lettori!

Se c'è un argomento che vorresti vedere trattato in un prossimo libro, fammelo sapere! Contattami via email e prenderò in considerazione il tuo suggerimento. Ricorda, dovrebbe essere un argomento educativo!

 **contacto@samueljohnbooks.com**

Samuel John
BOOKS

www.amazon.it/dp/B09WJ4C4BQ
contacto@samueljohnbooks.com
www.amazon.com/author/samueljohnbooks